LA AVENTURA DEL SER

KINSKY

Tercera Edición
2012

Derechos reservados con forme a la ley. © Copyright by the author. ISBN 968-6810-08-0

Impreso por Create Space, Editado por MCPKinsky, Diseñado e Ilustrado por Gray's Design.

Diseño de cubierta: Mónica Camargo-Gray
PROHIBIDA LA DUPLICACION TOTAL O PARCIAL DE CUALQUIER MEDIO DE REPRODUCCION, SIN PERMISO DEL AUTOR Y DE LA CASA EDITORIAL.

Dedico este libro a:

- A Dios Padre y a Mis amados Maestros, J, K, L, E, S, G por sus grandes enseñanzas a lo largo de toda mi vida; por sostenerme cuando la vida estaba llena de retos; por ayudarme a darme fe y confianza cuando la tenía perdida; por enseñarme a conocer cuando me sentía una extraña en mi propia vida; por darme valor y fuerzas para sobrepasar las tormentas; por darme claridad cuando mis días estaban nublados y opacos; por tomarme de las manos y guiarme cuando me sentía perdida; por siempre estar presente en mi vida aun cuando mi familia y yo estamos lejos y sobre todo por criarme y ensañarme a descubrir quién soy.

- A mis padres quienes me dieron lo mejor de su vida, su apoyo, su amor y protección, inclusive ahora que están en el cielo. A mis hermanos, especialmente a mi hermano Ricardo y su familia y a mi hermana Myriam quienes siempre han estado apoyándome en los buenos y malos momentos dándome consuelo y apoyo y quienes siempre han confiado y creído en mí.

- A mis dos hijos Calvin y Kyle quienes son los mejores regalos que Dios me ha dado y que por Ser quienes son me han enseñado a ser mejor cada día, a no rendirme, a crecer y siempre dar lo mejor de mí. ¡Gracias por ser mis grandes maestros! Por su amor y su apoyo constante y porque hemos sobrevivido grandes retos unidos como familia. ¡Los Amo!

- Agradezco a Dios Padre, a Cristo Jesús y a todos los Seres de Luz por su apoyo, amor y enseñanzas cuando más lo necesitaba. Agradezco también a todas las personas que creyeron y permitieron que la Aventura del Ser fuera conocida por muchos,

- A July de la Portilla por creer en mí y darme la oportunidad de abrir camino a KINSKY y a la luz y conocimiento que trae; gracias July por darle difusión a La Aventura del Ser cuando estaba en una de las enseñanzas más grandes de mi vida.

- Y agradezco en especial a todos mis amigos que, por medio de su promoción, han ayudado a la difusión de este libro.

Gracias

A ti buscador, que deseas encontrarte y perfeccionarte a través de esta gran y emocionante aventura de la vida.

Kinsky

LA AVENTURA
DEL SER

Prefacio

La Aventura del Ser es la introducción al conocimiento de uno mismo. Este libro se me fue dado por escritura automática en 1993 y fue para enseñarme a como poderme conocerme, aceptarme, valorarme, como encontrar el amor, la felicidad, el camino del éxito, como también como poder contactar y estar en comunicación con nuestro Padre, reconociendo que todo comienza de adentro hacia afuera.

Todos estos valores, como mis maestros me enseñaron, están en nuestro interior y sólo necesitamos conectarnos con nuestra fuente, con nuestro Padre para poder comenzar esta Aventura del Ser.

Han pasado varios años de haber recibido este libro, y haber vivido varias pruebas duras y difíciles que me han enseñado que la vida continua y es un subir de niveles de conciencia; hasta que nosotros logramos quitarnos esas capas, ideas y creencias que nos estorban para realmente descubrir quienes somos en realidad y sobre todo para podernos aceptar para poder amar al mundo que nos rodea.

He tenido que aprender a reconocer que todo comienza con uno mismo, los cambios, el amor, la aceptación, el perdón, todo lo que uno realmente desea hacer, como las fortunas y la felicidad comienza con uno mismo.

La Aventura del Ser es una aventura de la vida que ter- mina cuando hayamos dejado la huella en esta tierra de nuestra existencia y continua hasta el día que estemos de frente con nuestro creador.

                                      Kinsky

INTRODUCCIÓN

La vida es el reflejo de lo que fuimos, de lo que somos y de lo que podemos ser.
La manera en que vivimos, es decir, nuestro estilo de vida depende de nuestros pensamientos, los cuales los llevamos a la materialización y los hacemos tan vividos que algunas veces nos causan problemas.

En una sociedad como la nuestra no se nos permite conocernos, ya que mientras vamos creciendo, se nos dan tantas responsabilidades que no existe tiempo para analizarnos y echamos un vistazo a nuestro interior y saber realmente quienes somos, de dónde venimos, que estamos haciendo en este Planeta, hacia dónde vamos, donde se encuentra la felicidad, etc.

Actualmente existen infinidad de libros que nos ayudan a poder conocernos, pero cuando uno trata de ponerlos en práctica, se enfrenta a la terrible desilusión de que la sociedad se interpone. No era tan fácil como decía el libro. Ya que para cambiar hay que aceptarse uno mismo. Se necesita perdonar todos los tropiezos que cometemos. No castigarse más, sino ahora amarse para ayudarse a cambiar y aceptarse tal cual somos.

Pues en todo el Universo, existe una verdad tan pro- funda que tal vez nosotros no podamos comprender. En todo el mundo habitan personas que reniegan de su vida, de su suerte, de sus familias, de sus problemas y hasta de su cuerpo. Esconden su personalidad detrás de una increíble máscara que la cambian a cada instante y en cada lugar. Pretenden ser vanidosas e inteligentes, ocultando su inseguridad y su desamor a sí mismas. Quizá alguno de ustedes pensara, ¡es que es imposible cambiar!, la experiencia nos enseña que sí se puede. Te has puesto a pensar cómo es posible que los días sean tan diferentes unos con otros, como existen cuatro estaciones del año completamente distintas y cada año van siendo tan cambiantes.

Te has puesto a analizar tu cuerpo y ver que la mitad de este es más grande que el otro, o que dentro de tu familia tus hermanos y tu son completamente diferentes y aun así existen gemelos que no se parecen. Ahora dime, si estas rodeado de cambios en tu ropa, en los coches que usas cierta temporada, en tus zapatos, en la comida que comes, en la música que escuchas en la estación de radio, en los lugares de estancia. Entonces, por qué no reconocer que, así como existe el día y la noche, nosotros podemos cambiar cuantas veces así lo deseemos.

La vida es como una aventura en la que cada instante tenemos que resolver infinidad de cosas y decidir si queremos hacerlas bien o hacerlas mal.
Espero que este libro te ayude para conocerte a ti mismo y saberse valorar, porque ¿sabes?, ¡tienes una mina de oro en tu interior!

A esta creencia me atengo por completo, esta es la última conclusión de la sabiduría: solo merece la libertad, como la vida, quien diariamente la conquista. [1]

JOHANN WOLFGANG GOETHE.

[1]. Canto a la Vida, p. 16.

1
COMO CONOCERTE A TI MISMO.

A través de la vida se me ha dado la oportunidad de conocer diferentes personas y a su vez aprender de ellas. Estar en diversas situaciones, estudiar distintas filosofías, de saber que existen diversas religiones que llegan al mismo fin. Hace algún tiempo me empezó la inquietud de poder comprender el mundo que me rodea, lo cual me llevo a conocerme y de esta manera he comprendido mejor a Dios.
Descubrí que para lograr entrar a cualquier camino de conocimiento o sabiduría se necesita primero, conocerse. Y si uno desea cambiar el mundo que lo rodea, el primer paso es con uno mismo. ¿Cómo deseamos querer a los demás, sí nosotros mismos no nos aceptamos tal cual somas y no nos queremos?, ¿cómo vamos a ayudar a los demás si nosotros no nos comprendemos y ayudamos a ser mejores?

Pero tú preguntarlas, ¿cómo lo puedo lograr? Bueno, el primer paso es realmente desear y querer conocerte, es decir, tener la fuerza de voluntad para obtener un cambio en ti y estar levantándote el ánimo, si en algunas ocasiones este decae.

Si estás dispuesto a disfrutar un cambio dentro de ti. ¡Bienvenido, conseguirás hacer un mundo mejor! Varias personas aseguran que es imposible cambiar el mundo. Y les he dicho, que para modificarlo necesitas transformarte tú, porque todo lo que posees dentro de ti lo reflejas constantemente al exterior, creando así tu mundo, tu realidad o tu suerte.

Cada uno de los habitantes de este planeta posee su mundo, su realidad o su verdad. Ahora piensa, si cada núcleo de una célula analizara quien es realmente o que es lo que está haciendo en este mundo y aceptara su persona, sus problemas y se quisiera, este mundo cambiaría porque se extenderían nuestras fronteras hacia los demás reconociendo que todos formamos un planeta, y que este planeta depende de nosotros.
Existen varias personas que piensan cuando se les dice que necesitan quererse, dicen que eso es vanidad.
Recuerda, la vanidad es inseguridad de la personalidad. Es cuando se trata de demostrar la belleza exterior queriendo ser aceptados por la sociedad, pudiendo así entrar a un núcleo deseado.
Pero si ese núcleo es realmente la forma de Ser de Tu interior, entonces está bien, pero si te cuesta trabajo
permanecer en él, entonces significa que realmente no perteneces a ese mundo.

Es increíble, pero todos somos una pieza importante para este planeta y existe un trabajo para nosotros, una pareja, Todo.
Solo es importante que realmente lo desees y no temerle al cambio.

¡Recuerda, todo es cambiante y dinámico!
Ya que hayas aceptado que deseas cambiar para ser mejor, entonces lo que sigue es darte tiempo para esta labor. Pienso que deberla de ser el primer trabajo que todo ser
humano deberla de tener, conocerse a sí mismo.

Tórnate algún tiempo a solas para examinarte, trata de platicar contigo mismo y hablarte como si fueras otra persona.
Siéntate por lo menos cinco minutos y escribe lo que más te gusta de ti mismo y después lo que te disgusta. Aquí debes de aprender a motivarte y procurar aceptar tus cualidades al igual que las cosas que no son de tu agrado. Recuerda que estás hablando con tu mejor amigo. **Tú**.

Hace mucho escuche que si no te agrada algo de los demás es porque tienen algo de ti que no te gusta de tu persona. ¡Piénsal

Y recuerda: «*Si ves a un hombre sabio, imítalo. Si ves a un hombre malo, examínate a ti mismo.*»

Experimenta un encuentro con tu persona:

- Escribe lo que más te guste de ti mismo, apunta todas tus actitudes y las que más te guste hacer.

- Escribe lo que te disguste de ti y ve cuales son las cosas que te gustaría modificar.

- Ponte un límite de tiempo para poder suavizar tus errores.

No te exijas demasiado, ni te enojes contigo. Si flaqueas, ya tendrás otro día para mejorar lo que no pudiste lograr.

2
ACEPTACION DE TI MISMO.

La aceptación es el paso más difícil que todo ser humano puede dar. Es verse en el espejo y observar que poseemos unos mil defectos. Quizás sean tan malos, que los tratemos de ocultar. Pero recordemos que el sol no se puede tapar con un dedo, ya que la luz brillará para siempre.

Al observar nuestros defectos, muchos de nosotros nos martirizamos y nos lastimamos por no ser tan perfectos como esperábamos.

Mucha gente al no aceptar su cuerpo se mira en el espejo como si fuera su peor enemigo, se castiga cada vez que sube de peso, se pega porque no acepta que puede tener un problema. O quizás necesite un cambio.

Para aceptarse tal y como somos, debemos amarnos. Amar esos detalles que no nos gustan de nuestra persona y tratar hasta el cansancio de mejorarlos.

Es complicado, pero se logra, porque si tu realmente deseas convertirte en un hombre nuevo y saludable, debes de quererte y apapacharte.

Es aquí cuando emprendes el camino hacia el cambio, solo tú y tu mejor amigo, **Tú**, se empiezan a conocer y a apreciar.

Es preciso que tengas presente que los extremos son malos, ya que, si te apapachas demasiado, evitaras tu cambio, al igual que si te exiges demasiado, te volverás un neurasténico.

Balanceamos en un término medio puede resultar difícil para muchos, pero con la práctica se pueden lograr buenos resultados.

Recuerda que, si tu deseas que te acepten, el primer paso es contigo mismo. Cómo podemos exigir que nos amen, si nosotros tenemos miedo de vemos en el espejo y aceptamos como somos. Preferimos comprar el vestido más costoso y las joyas más caras para atraer la atención y hacer todo cuanto la sociedad nos exige para ser aceptados.
¿Pero en sí que es aceptar? Aceptar es reconocer.
Reconocerte como persona valiosa, que tienes una vida llena de experiencias inolvidables y ¡de que **existes**!
En el camino a la introspección de ti mismo llegas a la aceptación, si no eres güero de ojos claros y todas las mañanas te ves en el espejo, tienes que aceptar tu realidad. ¡Aceptar que tú eres así! Quizás exista una razón de ser que por el momento no entiendas.

Cuando empiezas a aceptar tu cuerpo, tu persona y te miras de frente y dices. **¡Ese soy yo, y así soy!**, das un paso bas- tante grande.
Es cuando te das cuenta de tus actitudes y tratas de mejorar tus defectos. Aunque esto sea lo más difícil de hacer, que tus defectos cambien a ser positivos. Es duro, pero hay que recordar que todo con voluntad se puede.

Muchas veces he reflexionado de qué manera el hombre puede ser feliz, ¿es el mundo complicado, o es el hombre mismo el que se complica su existencia? Dejo mi mente volar y siempre llega al mismo punto. El ser humano es el ser perfecto de la creación, que vive en un mundo perfecto, que ha construido maquinas perfectas que le ayudan al trabajo. y, aun así, al hombre no se le permite aprender por medio de la equivocación. No se nos permite ver nuestro interno y aceptarnos tal y como somos. Es aquí cuando las preguntas bombardean mi mente:

Entonces, ¿cómo desea el hombre ser feliz, si no es feliz consigo mismo?

¿Hasta cuándo el ser humano se dará cuenta que tiene toda la potencialidad para ser feliz a cada momento, y aceptar su realidad?

Preferimos encontrar nuestro valor en objetos externos, en lujos, en amuletos, en el trabajo, en cosas materiales que al paso del tiempo nos esclavizan y no permiten nuestra continua valoración, ni saber quiénes somos en realidad o hacia donde nos dirigimos.

Experimenta un encuentro contigo mismo:

- Date tiempo para poder compartir las mejores experiencias con tu mejor amigo, TU. Agradece siempre que tienes otro día más para ser mejor. Agradece cada mañana todas las bendiciones que tienes por tu cuerpo, por tu vida y por tu existencia.

- Acéptate físicamente como eres, recuerda que eres un ser perfecto en potencia y si realmente lo quieres ser, solo es cuestión que luches por ello.

- Examina todo lo bueno y bello que puedes realizar. Y procura hacer que esos detalles que te molestan de ti, no te pongan furioso.

¡Quiérete mucho porque lo vales!

3
SABERSE VALORAR.

Cuando emprendes la aventura para conocerte, te auto analizas, te aceptas, no para abandonarte, sino para ser feliz contigo mismo por lo que es necesario saber valorarse.

¿Qué significa valorarse? Todos nosotros vivimos en un mundo de contradicciones, es decir, de cosas opuestas, cómo es: entre la maldad y la bondad, el hombre y la mujer, el niño y el anciano, el día y la noche, el frío y el calor y el guateque y la soledad. Vivimos en algunas ocasiones en los excesos.

Así nosotros, poseemos ambas cosas. Existe un símbolo oriental que se llama **Tao**. Significa que todo posee estas dos cualidades, y que se deben balancear para encontrar la armonía.

Hay que recordar que toda persona buena tiene su lado negativo y que toda persona mala tiene su lado positivo. Así nosotros, tal vez nos sintamos totalmente devaluados, desesperados, vacíos y solos.

No percibimos que somos un infinito con millares y millares de células, de tejidos, de músculos y de huesos, y que nuestro ser habita en un cuerpo perfecto.

¿Qué más deseamos? Nosotros somos quienes escogemos nuestra felicidad a cada momento. Y si nosotros tenemos nuestra visión empañada, sucia, llena de prejuicios contra nosotros y los demás, veremos los días soleados como nublados y los obstáculos como problemas.
Para muchos que viven en una ciudad tan grande, es

muy común estar enojados, disgustados con todos y con nosotros mismos.

Para otros que trabajan todo tiempo completo y con trabajo que era para ayer o con presiones de gastos y preocupaciones del diario vivir no nos damos tiempo de vivir y si por un día que tal vez se nos hizo un poco tarde para salir de casa, nos encontramos con el tráfico y llegamos tarde al trabajo.

Corremos todo el día, con presiones de carga de este, le ponemos mala cara a todo el mundo y exigimos a los demás que lo hagan bien. ¿Pero qué pasa? Nadie nos responde y todo nos sale mal. En ese tipo de circunstancias, que puede ser un día normal para muchos, nos preguntamos ¿por qué nos sale todo mal?

Hay algunas personas que no se cuestionan a sí mismas. Viven como autómatas. Salen de su casa y manejan sin voltear al lado y observar al hombre o a la mujer, al ser huma- no que, como tú, va a su oficina o empresa, o a dejar a sus hijos al colegio y que vive y que siente.

Llegan al trabajo y hacen todo a la carrera, porque obviamente era para ayer, van a comer y lo hacen a la carrera, viendo problemas por doquier y quejándose todo el día.

Viene la hora de la salida y muchos siguen como autómatas, sin darse cuenta de que existe un ser querido esperando los en su casa. ¡Pero cuál es la sorpresa!
Muchos llegan a su hogar esperando paz y tranquilidad llegan,

llegan y se encuentran con problemas, con quejas y con una persona que en lugar de dar alegría y un poco de armonía. ¡Dan más problemas!

Dime, una vida así los 365 días del año, ***¿dónde nos va a llevar?*** Exigimos a todo el mundo que nos respete, que nos quiera, que nos valoren. Buscamos nuestro valor en cosas externas. Vivimos una vida de fantasía idílica, con problemas que muchas veces no nos corresponden, nos gusta sufrir y hacernos los mártires para atraer la atención y lástima.

La vida no es tan complicada, nosotros la hacemos enredada por medio de nuestros pensamientos y actitudes negativas, con presiones y prisas, con nuestro miedo, ansiedad y desamor.

Nos tomamos demasiado en serio y son raras las veces las que disfrutamos de la vida o las que sinceramente nos reímos de ella.

Para valorarse uno mismo, se necesita motivarse. Ver todas nuestras capacidades, que como ser humano poseemos, ver cuales cosas las hacemos bien.

Todo debe de ir de adentro hacia afuera. Porque todo lo que experimentas en tu interno, lo exteriorizas.

Si tú te enojas con todo el mundo y dices que todo te sale mal y que todos son el causante de tu estado. Porque no te sientas y te tranquilizas. Hay algo que hiciste que a ti no te gusto de tu persona, insistes en que te provocaron el enojo, pero eres solo tú, el causante de todo.

Enfrentarse con uno mismo, es como si te pusieras en frente de un espejo y te señalaras a ti mismo, y te dijeras apuntándole con el dedo, ¡Tú, oye me bien, tú lo hiciste! Es duro.

Preferimos escudarnos y acusar a los demás y no vernos a los ojos y aceptar que cometimos el error y que fue nuestra responsabilidad por que decidimos hacer lo que hicimos.

Somos humanos y hay que admitir que somos aprendices y saber valorar el error. Porque la vida es una cadena continua de errores por la que cada uno de nosotros atravesamos para aprender, crecer y madurar. Y por la que todos, sin excepción pasan.

El saber valorarse es darse cuenta de tu potencial y querer ser feliz. **Tratar de encontrar a todo lo malo su lado positivo.** Si en un día como el que te describí anteriormente te causa problemas y no deseas pensar, ¡Por qué no ves el cielo?, ¿te has dado cuenta de la infinidad de colores y matices que tiene?

Son pocas veces las que reflexionamos de todo lo bello que tenemos a nuestro alrededor, como son esas casas que no cuestan nada, como el color del cielo, las plantas, las flores que crecen y florecen todavía en las avenidas más grandes de las ciudades o en el desierto o por donde vivamos.

Del amor que existe entre las gentes, a pesar del mundo tan lleno de problemas en el que a veces nos sumergimos. O que, a pesar de las malas caras, de las presiones del trabajo, todo salió bien. ¿Te has dado cuenta de que muy pocas veces son las que observas a tu alrededor?

Estamos tan metidos en nuestros problemas que vivimos como robots, hay algunos que pasan por la vida sin dejar huella.
Sólo viven en la vorágine de la vida y para que les sirvió, si cuando se mueren, se van solos. Si no nos valoramos y motivamos para seguir adelante, día a día, cuesta a cuesta. Dime, ¿cómo vamos a vivir felices?

Experimenta un encuentro contigo mismo:

- Cuando la vida que llevas te agobia, siéntate tranquilamente, trata de calmarte y respira profundamente. Date cuenta del maravilloso mundo del cual tu perteneces. Pon tu atención en las cosas positivas de la vida, en los árboles que te rodean, en el cielo y siempre trata de sacarle a lo malo su lado bueno.

- Cuando veas que te molesta tus detalles negativos, admite que los tienes y trata de mejorarlos. Ponte un objetivo en determinado tiempo y procede a cambiarlos.

- Mantén siempre tu atención en lo positivo de la vida y Se siempre positivo.

Recuerda que cuando eres positivo puedes lograr mucho, que cuando eres negativo porque lo único que consigues es hundirte más y desesperarte más.

4
CONFIA EN TI

Algo muy importante en este proceso de desarrollo personal es poder confiar en ti, ya que para poder confiar en Dios necesitas comenzar contigo mismo.

Cuando ves la dualidad que existe en ti, en el mundo que te rodea a veces no logramos balancearnos y una de las cosas que ayuda siempre es la Naturaleza.
Cuando más tenemos la vista en la Naturaleza, ella nos enseña a poder tener calma y paz, ver la belleza de los colores del cielo, de las plantas, los aromas de las flores y los animales. Todo esto nos enseña a estar en paz y lograr centrarnos. Tranquilizar nuestra mente para poder abrir nuestro corazón.

Ya centrados y en paz, es cuando nos podemos abrir a tener confianza en nosotros mismos. Este trabajo solo se logra con nuestro corazón, no con nuestra cabeza que aún está llena de prejuicios, sino con el corazón.
Recuerda que en este mundo solo se nos enseña a con- fiar más en nuestra cabeza que en lo que dice nuestro interno y cuando los problemas vienen, no sabemos ni que hacer.

Hace algún tiempo aprendí en una filosofía oriental que nuestro cuerpo por lo general no está balanceado, tenemos la cabeza muy caliente, llena de pensamientos constantes, por eso explotamos tan fácilmente y lo que es nuestra base, donde nuestro ser se sostiene, está en malas condiciones y por lo general está frío. Por eso el refrán que para resolver problemas hay que tener la cabeza fría.

Para resolver los problemas y vida cotidiana, necesitamos enfriar nuestra cabeza, tranquilizarla y trabajar en nuestra base para podernos sostenernos y así poder salir adelante de los problemas.

Todos necesitamos darnos cuenta de que este cuerpo físico es solo un vehículo que nos sirve para poder manifestar, aprender, crecer y seguir con nuestra evolución. No somos el cuerpo físico, somos mucho más que estos huesos, piel, músculos y órganos.

Somos un pensamiento eterno de Nuestro Padre, y necesitamos entender que nuestro cuerpo es de nosotros, pero no somos nosotros.

Y así como comenzamos a confiar en nosotros mismos, vamos a confiar en Dios. Pero recuerda que la confianza es algo tan sutil y delicado como el mismo aire que respiramos. Es fácil confiar en alguien y fácil de dejar de hacerlo al igual pasa con nosotros.

Es aquí cuando un necesita comenzar a confiar en uno mismo desde el corazón, de adentro, hacia afuera y llenarnos de amor y de luz. Vernos como lo que somos, seres eternos en un cuerpo físico.

Uno de mis poemas favoritos es de **_Kathy Obara_** 2 y dice:

*No es fácil vivir la vida
algunas veces
y enfrentar el mundo con una
sonrisa cuando se llora por dentro.
Hace falta mucho valor •
para buscar dentro de uno,
aferrarse a esa fuerza
que todavía que sea
allí, y saber que
mañana será un
nuevo día -
con nuevas esperanzas.*

*Pero si uno puede soportar lo suficiente hasta que
todo pase,
se renace como una nueva persona
más fuerte,
con más comprensión,
y con un nuevo orgullo en
si al saber que se triunfó.*

Piénsalo y medita, todo está dentro de ti y lo único que necesitas hacer es tener fe.

Experimenta un encuentro contigo mismo:

Confiar en ti es saber que uno está a salvo a cada momento y que las cosas van a estar bien, no importa que ahorita estemos en medio del huracán o de la tormenta. Recuerda que nada es para siempre y que mañana es un día nuevo.

Cuando nos centramos es cuando logramos ver el ojo del huracán, y lograr estar tranquilos a pesar de lo que nos está pasando. Y te puedo decir que si se puede lograr una paz a pesar de los retos.

Confía en que esta tormenta es pasajera porque nada es eterno y el sol brilla siempre y hay un nuevo día en donde
todo será diferente. Es necesario confiar en nosotros para poder confiar en Dios

Lo que necesitas hacer siempre es respirar profunda- mente y aclarar tu mente para poderte tranquilizar. Y decirte constantemente que *todo va a estar bien*.

He aprendido que el secreto es sentir dentro de ti paz, armonía y amor para poder manifestar la vida que deseamos; y cuando hay problemas, hay que confiar y saber que *nada es
para siempre* y si hoy es un día pesado, mañana será un nuevo día y será mejor.

Toma y resuelve un problema a la vez, no trates de resolver más de uno, hay veces que las cosas toman su tiempo, *sólo confía y ten fe que todo va a salir bien.*

5
APRENDE A QUERERTE.

Como mencioné en el primer capítulo, quererse no siempre es vanidad. Cuando tú te ves a los ojos, te analizas, tomas conciencia de tus actitudes y defectos, de tus logros y fracasos. Y deseas cambiar para ser feliz, estando seguro de que empiezas a conocerte. Es aquí cuando te quieres por lo que eres, por estar vivo y aprender cada día algo diferente. No por inseguridad. Recuerda que todo debe salir de adentro hacia afuera. No de afuera hacia adentro.

Sé que, en este mundo, lo menos que nos han enseñado es valoramos y queremos por lo que somos. Nuestros padres, cuando somos pequeños nos dicen que, si hacemos tal y cual cosa, o si nos portamos de una cierta forma, o si hacemos lo que nos indican, nos van a querer.

Nos condicionan su amor para que obedezcamos o hagamos la tarea; nos enseñan a que nuestro valor y nuestro propio amor depende de los demás, de lo que hacemos, de lo que tenemos y no de lo que realmente somos.

Y cuando crecemos, nos damos cuenta de que el amor depende del físico, de si poseemos tal o cual carro o si ganamos tanto dinero al mes, o si tenemos una casa cara o si pertenecemos a una determinada sociedad. Se nos enseña todo, menos a querernos.

El amor que tengas a ti mismo como persona va a depender del grado de autoestima o amor hacia ti. Para amar a una persona, se necesita conocerla, convivir con ella y saber lo bueno y malo que tiene.

Nosotros algunas veces tratamos de agradarlas. Entonces, ¿por qué no lo hacemos con nosotros mismos? Nos vestimos, arreglamos, maquillamos para ser aceptados en una sociedad. Pasamos cerca de un edificio donde nos reflejamos y ni siquiera nos saludamos o nos sonreímos. Y así deseamos que otros los hagan por nosotros mismos.

Hace mucho tiempo que Jesucristo dijo:
"Ama a tu prójimo como a ti mismo; como yo os he amado".

Han pasado 2, 000 años y hemos intercambiado el mensaje, preferimos sentirnos queridos, respetados y vanagloriados por todos y los últimos en ver nuestros defectos o nuestras cualidades somos nosotros.

Cuando el ser humano aprende a conocerse, a ver a su interior y se quiere, puede cambiar su vida. Al ver las cosas positivamente, uno cambia su percepción y su estilo de vida. Existen varios libros que te retroalimentan para que tú mismo no te hagas daño y te ayudan a quererte. Pero recuerda que ***siempre se empieza con uno mismo, de adentro hacia afuera.***

Experimenta un encuentro con tu persona:

- Recuerda que, si quieres ayudar a los demás, ayúdate primero. Siempre hay que empezar con uno mismo.
- Busca el amor dentro de ti, no pidas que te quieran si tú no te quieres o te aceptas.
- Recuerda que cualquier pensamiento o sentimiento que tu generas dentro de ti lo exteriorizas. Y lo que hayas producido ya sea bueno o sea malo regresara hacia a ti, pero con mayor intensidad.
- Se positivo siempre. Piensa, medita, que, si tú te hablas con cariño y te tratas bien a los demás, el mundo que te rodea será positivo. Pero si tú te insultas y te lastimas, ¿Cómo vas a exigir a los demás que te traten bien? Y crearás un mundo que refleja tu interior.

Medita las siguientes frases:
1. Yo Soy armonía.
2. Yo Soy paz.
3. Yo Soy alegría.
4. Yo Soy felicidad.
5. Yo Soy prosperidad.

Siempre que te sientas triste o desesperado, úsalas y siempre afirma con tu persona, **Yo soy**, todo lo bueno que desees ser; para bien tuyo y de la humanidad.

6
BUSCA LA RESPUESTA EN TU INTERIOR.

En la obscuridad de la noche y en mi soledad, escuche TU voz dentro de mí.

- ¿Quién eres? pregunto.
Yo sin saber quién era, contesté. No lo sé. No estoy
seguro.
Sé que vivo, pero no se la razón de mi existencia.
Sé que tengo los días, pero solo tengo en ellos problemas y tensión.

- ¿Entonces donde tienes tu tesoro?, volvió a preguntar
  la voz.
Y yo contesté. La tengo en mi familia, en mi trabajo y
en mis posesiones.

- Y, ¿cuál es el fin de tu existencia? › prosiguió la voz.
La muerte, contesté. Esa muerte que me atormenta día a
día reflejada en este mundo tan lleno de malicia,
sufrimiento y dolor.

Hijo mío, continuo la voz. No debes temer. Busca
tu esencia en tu interior.

Busca la riqueza ahí, porque es donde encontrarás tu valor. No en las cosas materiales.

Y después de haberla encontrado, conocerás las respuestas del mundo que te rodea. Sabrás quién eres en realidad y sabrás hacia dónde vas.

Pon tu tesoro donde pertenece. Pon tu esperanza y tu fe ahí y sabrás cuán grande eres.

En la actualidad existen diversas clases de filosofías, las cuales nos tratan de enseñar quiénes somos y que es lo que estamos haciendo en este planeta. También existen diversas clases de meditaciones, con las cuales uno aprende a silenciar su mente. En una ocasión escuche decir que una mente que no está en paz o en silencio, es como una manada de elefantes corriendo uno tras otro y para acallarla es necesario sólo escoger una idea y resolverla. Tratarla de tranquilizar hasta ponerla en blanco. Cuesta trabajo al principio, pero con la práctica se logra.

¿Cuántas veces en la actualidad nosotros podemos estar con nuestros cinco sentidos puestos en lo que estamos?

Generalmente tenemos más de una idea en nuestra cabeza, estamos en casa o con los amigos y no los escuchamos, no entendemos lo que nos dicen, pues estamos pensando en el problema que tuvimos en el trabajo, o aquello que quedo pendiente y tenemos que entregar urgentemente. o los gastos, que en la actualidad sentimos que el dinero se va como agua de entre las manos y no tenemos suficiente para sustentarnos; o eso es lo que generalmente creemos.

Tenemos una presión impresionante y como vez, son demasiadas las cosas que tenemos para preocuparnos, pues vivimos en un mundo material, que nos distrae de lo que realmente es valioso y más importante.

El ser humano no solamente está compuesto de materia, sino también de un alma y de un espíritu, una parte finita y otra infinita y algunas veces nos enfocamos más en nuestras necesidades físicas que en lo que realmente somos. En algunas ocasiones nos perdemos en el trabajo, en las presiones, en los problemas cotidianos o familiares, en las malas noticias del mundo en el que vivimos y eso nos impide que nos veamos cómo somos en realidad.

Cuando estamos confundidos buscamos la respuesta en otra persona y en algunas ocasiones hacemos lo que ellos nos dicen que hagamos. Les tenemos más confianza a los demás que a nuestro propio interno. Estamos tan perdidos en el mundo material, que en algunas ocasiones no sabemos hacia dónde vamos o que es lo que queremos. Preferimos pedir consejos y estamos tan acostumbrados a darlos, que algunas veces ignoramos que siempre vamos a hacer lo que dicte nuestro interno.

Es ahí donde nos damos cuenta de que por lo general nos gusta estar sumergidos en un vaso de agua y no vemos todo lo hermoso que nos rodea. Vivimos continuamente dentro de una tempestad y no realizamos que estamos vivos en un planeta maravilloso como el nuestro.

Se ha sabido que cuando nacemos como seres humanos, somos indefensos y salimos hacia delante con la ayuda de nuestra madre.

Cuando somos niños nos enseñan a hablar leer y escribir. Cuando somos adolescentes tratamos de entender el mundo que nos rodea, a la gente y a nosotros mismos, pero no muchos aprenden a ver y entender el maravilloso mundo al que pertenecemos.
Crecemos olvidando la mejor parte que habita en nosotros. Pretendemos que todo está bien, Hacemos de nuestra vida un campo de batalla, viviendo nuestros días corriendo para arriba y para abajo sin cesar, sin entender por qué vivimos.

Gastamos nuestras vidas juntando el dinero, vaciando nuestra riqueza interior, sin valuar el tesoro interno que es invaluable.
Pero *¿cómo buscar la respuesta en tu interior?* Buscar la respuesta en tu interior es hacer a un lado todas aquellas distracciones que impiden conocerte y saber quién eres.
Es meterte dentro del gran universo que hay dentro de ti y escuchar Su voz. Es conocerte, porque cuando tú te contactas con El, nada ni nadie te puede confundir.
Es silenciar tu mente para encontrar la paz. Es vivir en armonía para hacer un mundo mejor. y cuando lo logras, todo es felicidad.

Experimenta un encuentro contigo mismo:
- Trata de apartarte del ruido y de la desarmonía.
- Planea tus días con calma. En el día a la hora que tengas tiempo, ve a un lugar donde exista un poco de privacidad. Este sitio debe ser tranquilo sin ningún ruido.
- Siéntate cómodamente; respira llenando todos tus pulmones de aire y cierra los ojos. Siente el latir de tu corazón recorriendo todo tu cuerpo y visualiza tu pantalla mental pintada de blanco. O imagínate que tienes una brocha gorda y la vas a pintar de blanco.
- No luches con las ideas que veas en tu pantalla mental, déjalas pasar y enfoca tu atención en el latido de tu corazón. Y a que lo hayas logrado, respira profundamente y escucha el silencio, la paz y la armonía dentro de tí. Procura estar por lo menos 5 minutos relajándote y tranquilizándote.
- Recuerda que todo con la práctica se logra. Tal vez los pensamientos se activen más y cuando esto suceda, repite mentalmente: *"Aquiétate pensamientos míos, yo soy armonía y paz"*. Si tú te propones a hacerlo, ¡lograrás aquietar tu mente!
- Organiza tu tiempo, ponte metas para tus actividades, quizá una semana o un mes y proponte a lograrlas. Note presiones por que te bloquearás.
- Recuerda que el problema siempre viene con su solución de la mano. Aquieta tu mente, respira profundamente, salte a caminar, o siéntate cómodamente o recuéstate. No pienses demasiado. Por lo general cuando estamos tranquilos es cuando nos damos cuenta de la solución de las cosas y aparece cuando menos te lo esperas.
- Note tomes tan en serio, ríete de tus torpezas, goza tus logros. Y aunque tus fracasos te duelan, ríete.

Recuerda que tenemos otro día para ser mejores.

7

LA A VENTURA DEL CAMBIO.

Cómo se mencionó en los primeros capítulos, existe mucha gente que le teme al cambio y solamente hay algunos que se lanzan a la aventura.

Existe un dicho que dice: "El que no arriesga no gana".

¿Cuántas veces arriesgamos nuestra vida en una grande ciudad cuando salimos a trabajar o a pasear? Estamos expuestos a accidentes, asaltos, etc. Pero lo hacemos. Procuramos salir, conocer y divertimos. Muchas veces sin medir las consecuencias o a lo que estamos expuestos.

Lo que queremos es vivir y vivir bien. Tratamos de encontrar la felicidad fuera de nosotros y cuando tenemos problemas, preferimos desquitamos con cualquier persona, ignorando que es un ser humano el cual estamos dañando.

Es increíble poder observar que en el tiempo que estamos armónicos con nosotros mismos, el mundo que nos rodea es fantástico. Pero en el momento que nos sentimos molestos, nos enojamos con todos y todo es problemas. Y cuando estamos deprimidos o presionados, nos parece que todo el mundo está en nuestra contra.

Si solo supiéramos que la solución está dentro de nosotros y que sólo nosotros mismos podemos ser felices. ***Nadie es responsable de lo que nos pasa más que nosotros mismos.***

Cuantas veces nos escudamos en vicios para no ver nuestra realidad, del gran vacío, o de frustraciones que tenemos dentro. Sólo nosotros somos los comprometidos con nosotros mismos. Hasta que no nos demos cuenta de nuestra gran responsabilidad de vivir y realizamos, de ser y de aprender, no cambiaremos; seguiremos siendo como robots o como borregos dentro de una manada.

Si nosotros dejáramos a un lado todo lo que nos distrae para llegar a conocemos, de trabajar con amor y de no esclavizamos con él. Nos daríamos cuenta de que la vida es como una montaña rusa, es un subir y un bajar, es una alegría o es un llanto, son tantas cosas como las quieras ver.

Es una aventura llena de obstáculos que hay que librar a cada momento y si nos caemos, levantamos, sacudirnos el polvo y seguir adelante. Es luchar a cada momento por nuestra felicidad y nuestra realización sin importar cuantas veces tratemos. Porque cada vez que tratamos avanzamos un poco más. Es así como puedes cambiar.

Hace algún tiempo un viejo muy sabio se me acerco y me dijo:

  - ¿Quieres ser feliz?
  Y yo respondí, ¡Claro!

  - ¿Quieres saber cómo?
  ¡Por supuesto!

  -Entonces quiérete, acéptate tal y como eres porque solo tú eres responsable de tu evolución y de tu felicidad.

Fue cuando comprendí que vernos cada día en el espejo es comprendernos, ser felices por lo que somos, no por lo que debemos ser o por lo que poseamos, sino porque somos un infinito de sabiduría y de conocimiento que cuando logras contactar llena por completo el vacío que antes existía.

Experimenta un encuentro contigo mismo:
- Recuerda que **Tú** eres tú mejor amigo. Y así como de- seas ayudar a tu mejor amigo, ayúdate también.
- Trata de mantenerte armónico, que los problemas no te quiten la felicidad.

Nadie tiene derecho de quitarte tu felicidad, y si lo hacen es porque tú así lo deseaste. Porque tu escogiste ese estado de ánimo.
- Si te encuentras frente a un problema, mantente positivo, cálmate, tranquilízate, no te exaltes, escucha lo que te tienen que decir. Procura de no salirte de tus casillas. Si puedes retirarte al baño o salirte para a serenarte, hazlo. No hables si no estás en paz.

Recuerda que para haber un pleito deben de haber dos personas.
- Si algo malo te pasa, no te preocupes, tal vez existe una razón que por el momento no comprendas.

Un problema viene con su solución, así como una mala experiencia trae un aprendizaje invaluable. Sácale a lo malo, lo bueno.

Todo es como un diamante en bruto. Sólo es cuestión de que extraigas el valor de todas tus experiencias y las evalúes.

- Generalmente los problemas son los que nos traen las mayores experiencias y es aquí donde aprendemos, crecemos y nos fortalecemos más. Recuerda que cuando estamos en una tormenta, es el momento de valorar lo que tenemos y lo que somos. *¡No lo olvides!*

8
COMO SER FELIZ. EL CAMINO AL EXITO.

La felicidad es algo tan preciado que cualquier rey, hombre de negocios, estudiante y hasta el más humilde ser busca sin cesar.
A través del tiempo se han hecho fábulas y cuentos de reyes que dejaron todo para buscar un poco de miel. De grandes filósofos que la denominaron el estado mental perfecto. Desgraciadamente no existe una receta de cocina, por la que nosotros la podamos hacer o conseguir como si fuera una camisa. La felicidad no se compra, ni se vende, se aprende a través de la vida.

Actualmente nosotros somos felices cuando pasamos los buenos momentos con los amigos riéndonos, también al aprobar un examen, y al realizar bien un trabajo que nos salió tal y como lo pensábamos.

Pero en el momento que nos enfrentamos solos ante la vida, ante las mil y una cosas que tenemos que resolver día a día, dudamos de nuestra felicidad y de nosotros mismos.

Pasamos días enteros arrastrando la cobija y no levantamos la patita, no nos damos cuenta de que la vida sigue su ritmo y lo más triste es que la vida se nos va. Nosotros seguimos tristes, desesperados confundidos sin saber qué hacer. Tememos que nos puedan herir y no nos damos cuenta de que cuando gritamos, nos enojamos o insultamos a los demás, nos estamos haciendo daño. Aprendemos en la sociedad a no ser felices con las cosas sencillas, sino por el contrario nos divertimos con cosas vanas que no nos llevan a nada; aprendemos a no ser nosotros mismos, a no salimos de la rutina, y de no reír, reír y reír. Cuánta gente ha habido que con solo reírse se cura de enfermedades mortales. Nadie se ha muerto de un ataque de risa. Al contrario, es así como nos revitalizamos.

Vemos las cosas tan complicadas o tenemos miedo de echarlas a perder. Cuántas veces nos morimos por algo o por alguien Y por el qué dirán nos reprimimos. Preferimos castigamos y no demostrar interés, pero dime: ¿quién es el que se hace daño? Tú o la otra persona.

Cuántas veces nos hemos acercado con nuestros seres queridos y no les hemos dicho que los amamos. Cuántos de nosotros desperdiciamos el tiempo en cosas vanas, sin damos cuenta que la vida sigue su rumbo y cuando estamos muriendo ya no hay tiempo de ser feliz, o de decirle a nuestro padre o madre que los queremos.

Cuando los vemos en el ataúd lloramos, porque cuantos cariños nos aguantamos y cuantas cosas no les dijimos. Lloramos por la impotencia de que el tiempo se nos fue y ya es demasiado tarde.

Es así como todos aprendemos el valor de ser felices, tenemos que sentir la tristeza para poder ser inmensamente felices y poder disfrutar cada instante de la vida. Cuántas personas existen que cuando les dicen que van a morir es cuando realmente aprenden a ser felices.

No tienes que esperar ese momento. ¡Empieza hoy mismo! Se feliz, todo lo que puedas ser, salte de la rutina y de la monotonía, no te tomes tan en serio, relájate y disfruta toda clase de experiencias, porque todo llega en su momento. Y todo lo que es para tu bien, se cumplirá.
Para esto solo hay que ser muy positivos, siempre pensar bien porque todo lo que piensas lo proyectas y creas tu verdad y tu mundo. Aparte recuerda que los pensamientos se forman en palabras y si las palabras que empleamos son malas, manifestamos un mundo lleno de problemas, también te contaminas y contaminas el planeta.

Cuando tu hayas podido controlar tus palabras y tus pensamientos, tus acciones serán para tu bien y el de la humanidad. El camino al éxito es hacer todo lo que haces con optimismo, positividad y amor. Si te ves envuelto en un trabajo que no te gusta, busca otro. No le temas al cambio, se positivo y ten confianza, pues tu naciste para ser feliz y realizarte y tienes todo el derecho de serlo.

¡Acuérdate que el mundo necesita conquistadores de su propia felicidad!

Recuerda que las malas experiencias son las que nos enseñan a ver realmente que es lo que necesitamos.
¡El mundo necesita personas que luchan a cada
  instante y no se rinden para encontrar su felicidad!

Piensa que Tú eres una pieza importante para el mundo y que todo lo que haces bueno, ayudas a la humanidad.

Experimenta un encuentro contigo mismo:

-Ríete por lo menos cinco minutos cada día.
- Si te gusta la televisión ve comedias o busca siempre lo cómico de las cosas y verás que te puedes encontrar cosas chuscas en todo momento y en todo lugar.
- Ve con tus amigos y ríete de todas las cosas graciosas que te han ocurrido, como por ejemplo tus anécdotas.
- Haz lo que más te gusta hacer: Jugar algún deporte, leer, escuchar la música, lo que sea.
- Agradece los buenos y malos momentos que tengas en tu vida.
- Controla tus pensamientos. Habla bien, piensa bien y actúa bien. Verás que todo lo que hagas será mejor cada día.
- Se positivo siempre. No te exijas demasiado y quiérete mucho.
- Atrévete a romper con la monotonía.
- Recuerda que eres una persona que vale mucho y mereces tener éxito en todo lo que haces.
- Piensa positivo y visualiza todo lo bueno para ti y para la humanidad.
- Lucha por tus objetivos.

9
COMO AMAR A LOS DEMAS

Cuando uno se acepta, se quiere y es feliz consigo mismo puede aceptar a los demás sin pretextos y sin condiciones.
Por qué todos y cada uno de nosotros ha recorrido una senda diferente, experiencias diferentes, así como también tenemos otros motivos de felicidad, alegrías, manera de ser y de pensar.
Cuando empiezas a trabajar en ti y descubres que no eres pobre, sino que eres rico en tu interior y que puedes dar alegría, apoyo, sonrisas y lo mejor de ti es cuando empiezas a amar a los demás.
Todos y cada uno de nosotros tenemos mil y una diferencias, pero cuando el cariño, el sentimiento de hermandad y fraternidad existe, puedes dar, ayudar y amar plenamente.
Cuando tu hayas trabajado contigo mismo habiendo cerrado esas heridas de rencores, de sufrimiento, de mal estar, de soledad de vacío de melancolía o confusión y te hayas aceptado, valorado, ayudado, cambado y querido, es cuando puedes entregar tu cariño a los demás.

¿De qué sirve que ayudes a otros si tú no estás bien?
Para amar y poder ayudar a los demás necesitas dar lo mejor de ti.
¿Pero qué pasa cuando amas a alguien y tú no estás bien? La calidad del amor o cariño no es el apropiado, sueles dar, pero con inseguridades, con temor o excesos.
Ese temor que aprendemos cuando somos niños lo venimos arrastrando algunas veces hasta la muerte y nos

impide liberar todo ese potencial que tenemos dentro de nosotros. Hemos aprendido que cuando amas o das amor a los demás siempre te lastiman, siendo que cuando tu das amor te vuelves la persona que más recibe, porque **el dar es recibir.** Hemos aprendido a ver el externo y no el interno de cada persona. Los hemos juzgado por sus ropas, por su manera de ser, por su físico y no por lo que realmente tienen en su interior, que es la misma esencia que tu posees.

Recuerda que el desconfiar de la gente es desconfiar de ti mismo.

¿Alguna vez te has salido a caminar por las calles, o te has sentado en el parque a observar a las personas?

Es curioso, pero es cuando descubres que todos somos iguales. Nada es diferente del uno al otro, ni los pensamientos, ni la esencia, ni presiones o manera de vivir.
Trabajamos para poder mantenemos, estudiamos para ser mejores, luchamos por vivir mejor. Y esto lo puedes observar desde el dueño de una gran empresa hasta el hombre más humilde. Si todos somos iguales en el fondo, ¿por qué existen las diferencias?

Experimenta un encuentro contigo mismo:
- Cuando se te haga tarde para salir de tu casa al trabajo, tranquilízate. Si hay mucho tráfico y no puedes remediarlo, ¡disfrútalo!

¿Cómo? Pon la música que más te guste y si no tienes radio, tararea o canta las canciones que más te guste.

Piensa que no puedes volar o hacer que tu coche despeje el tráfico.

Respira profundamente y observa a las personas.

Observando a las personas se aprende mucho, se puede ver si están enojados o felices.

También existen cosas agradables en todos los lugares, sólo es cuestión que te propongas a encontrarlas. Como, por ejemplo: en una ocasión en un tráfico increíble, esperando el siga, pude ver a un caballero en motocicleta comprándole una rosa a una dama desconocida.

Si te pasas mucho tiempo en la calle y en el tráfico tal vez tengas mil y una historias simpáticas por contar. Es sólo cuestión de que te decidas a encontrarlas.

- Respeta a los demás. Todos y cada uno de nosotros tiene, su vida, su destino, su manera de pensar y de vivir. No trates de implantar tu voluntad. Ni trates de controlar las cosas, pues es como ir navegando en contra de la corriente. No te olvides que todos somos diferentes, sugiere siempre, no órdenes. Todos somos libres de tomar nuestras propias decisiones.

- Cuando no comprendas a una persona, imagínate qué harías en su lugar. Ponte en sus zapatos.

- No critiques y no juzgues, dime: ¿Cómo fuiste capaz de captarle sus defectos? Inmediatamente ve los errores que tienes, todo el mundo que nos rodea es el reflejo de nosotros mismos y los problemas o errores que vemos en otros es porque los tenemos.

- Si tú piensas que no es verdad, entonces medita que los problemas que te pasan son porque hay una gran enseñanza y un gran crecimiento involucrado. Recuerda que en todas las malas experiencias hay una bendición escondida que algún día la vas a poder entender.

10
COMO AMAR AL MUNDO
QUE TE RODEA.

Existe una historia referente a San Francisco de Asís, que cuenta que él a la naturaleza, a los animales y a todo lo que le rodeaba, les decía hermanos.
Un hombre como San Francisco, vivía constantemente en armonía con él mismo, con sus hermanos y con la naturaleza, porque sabía que el formaba parte de Todo y que todo lo que habitaba en él, formaba parte de la misma esencia de la que todas las cosas son creadas.
Cuando tú te concientizas de tu esencia, la reflejas a tu exterior, logrando cambiar el mundo que te rodea, respetando el ciclo evolutivo del planeta y de todo ser viviente contenido en él.
Es más fácil demostrar terror que amor a todo ser viviente, pero ignoramos que todo lo que sentimos en nuestro interno lo reflejamos al exterior y este a su vez regresa a nosotros con mayor intensidad. Así es que, si existe algo que le tienes miedo, cálmate, relájate, en, foca tu atención en otra cosa, o mándale, amor para que se calme y verás los resultados.

Cuando nosotros podamos encontrar nuestro punto de equilibrio, no molestamos por todo, sino ser felices, el mundo que nos rodea será más bello y nuestros días serán más soleados.

Experimenta un encuentro contigo mismo:
- Procura quitarte el mal hábito de criticar y de juzgar por qué no te lleva a ningún lado.

- No dañes a la Tierra ni a ningún ser viviente que habita en ella. Recuerda que es tu hogar y es mejor cuidarlo que destruirlo.

Piensa que todo lo que mandas de tu interno a tu externo se regresa a ti, pero con mayor intensidad.

- Haz una lista de tus logros y de lo que todavía no has podido corregir.
- Acuérdate que con la práctica y voluntad se logra cualquier objetivo que desees.
- Ponte metas en determinado tiempo y trata de cumplirlas.

¡Este mundo te necesita!
Vale la pena intentar un cambio, ¿no lo crees?

11
COMO SER LIBRES

En cada momento de nuestras vidas desde que nacemos hasta que morimos, estamos expuestos a todo tipo de experiencias, buenas y malas, las malas experiencias crean creencias que nos limitan a través de nuestra vida.

Estos condicionamientos y creencias que son limitadas van construyendo bloques y paredes alrededor de nuestro Ser que en cierto momento de nuestra vida nos protegieron. Pero a lo largo del tiempo, estas paredes evitan nuestro crecimiento.

Nuestro ego, que es parte de nuestra personalidad hace que nos veamos separados de todos los demás; si tan solo comprendiéramos que todos somos uno, porque todos tenemos la misma esencia dentro de nosotros. Nuestro cuerpo está construido por los mismos elementos que existen en toda la naturaleza y en el universo.

Mucha gente evita cambiar por el miedo que siete del salirse de esta caja o "protección" o esa zona de confort y no siguen su desarrollo. En un curso que asistí, comprendí que nosotros somos como árboles, los árboles nacen y crecen y cuando los cortas, el árbol muere.
Nosotros igual, si no seguimos evolucionando, nos estacamos, y defendemos con capa y espada nuestra zona de confort a todo aquel que nos hace mover un dedo para salirnos de nuestro círculo, o a todo aquel que nos insinúa que estamos mal.

Si supiéramos que lo único que necesitamos hacer diariamente es salirnos del cuadrado que hemos puesto a nuestro alrededor y lanzarnos a la aventura, estaríamos sorprendidos de los grandes resultados y del gran crecimiento personal, espiritual que podemos tener. Lograríamos ver que nuestra vida realmente va en la dirección de nuestros sueños y nuestros logros son la realización de aquello que pensamos que era imposible.

También nuestras creencias de que nuestro mundo, la belleza, nuestra familia, nuestro hogar que debería de ser así o de tal forma. Creamos un sueño idílico que cuando vemos que nuestra realidad no es lo que en nuestra mente nos imaginamos, nos enfadamos y frustramos y hacemos guerra a todos para demostrar que nosotros estamos bien y que los demás están en un error.

Si supiéramos que muchas veces vivimos una fantasía idílica y que lo único que debemos hacer es aceptar las cosas como son. Muchas de las circunstancias en las que vivimos están así para darnos una enseñanza y un crecimiento.

"Necesitamos aceptar las cosas que no podemos cambiar y valor para las cosas que podemos cambiar por que el éxito es de todos aquellos que pueden perdonar."

También a lo largo de mi vida, he conocido mucha gente que, por tener una mala experiencia, basan toda su vida y su existencia en ella. Es como si estas personas o nosotros mismos no soltáramos lo que tanto nos hace daño, a veces se nos hace más fácil vivir con lo que nos hace daño que soltar y dejar ir ese dolor, esa experiencia negativa o esa gente que tanto nos ha hecho daño.

La vida me ha enseñado que el pasado es pasado, no lo puedes cambiar, el presente es un regalo y el futuro todavía no llega. Por lo que hay que vivir el presente plenamente.

Necesitamos entender que esas malas experiencias han sido solo para fortalecernos, aprender y crecer. La experiencia que tuve por 10 años fue muy difícil y si pude superarla fue por el conocimiento que se me fue dado y por escuchar a mi interno.

Logre superar grandes cosas y sobrevivir otras, siempre creyendo en mi teniendo fe y confianza que todo iba a salir bien, algo en mi interior supo que, aunque vivía en una gran tempestad, la tormenta era pasajera y que algún día lograría ver el sol.

En ese tiempo lejana de mi familia, "sola" en otro país, el cual ahora es mi hogar, comprendí que los lazos de amor que existían entre mis padres y yo me ayudaron a superar todo y ahora estando fuera de la tempestad; puedo ver y apreciar el sol. Ahora los lazos que me unen con mis hermanos y hermana son tan fuertes que comprendo que jamás voy a estar sola.

También pude comprender que realmente todo en la vida lo reflejas y que tu interno siempre te va a indicar el camino a seguir y aun cuando alguien te haga mal o se porte mal contigo, o hablen mal de ti, es porque hay una gran lección y expansión que vas a tener, es una bendición escondida.

Al final, hay que perdonar y hacer las paces con uno mismo y con los demás. Ahí que bendecir al que nos dio una gran lección. La paz interior es una bendición, y sólo se logra a través del perdón.

Hace mucho escuche que Jesús nos enseñó que hay que perdonar 70 veces 7, en si son muchas veces las que hay que perdonar a todo aquel que nos ha lastimado y tu preguntaras -¿por qué?, porque perdonando constantemente retiras la barrera que te divide a ti y a tu hermano.

Cuando tus llegas a perdonar a todos aquellos que te han lastimado logras adquirir la paz. Esa paz que tanto mencionaba Jesús es el resultado de haber perdonado todas las ofensas como también a ti mismo por todos tus errores. El perdón que das a los demás, regresa a ti dándote la paz, y es en ese momento es cuando en tu mundo el sol comienza a brillar.

Cuando logras adquirir esa paz, tu mundo se aquieta, y las puertas se abren a un nuevo mañana y logras poder ver todos tus sueños manifestándose día con día y logras comprender que la única forma de vivir es siendo feliz, con tu ser en paz, agradeciendo, amando a tus semejantes, trabajando en lo que te hace feliz, amando el mundo que te rodea y amando a nuestro Creador.

Experimenta un encuentro contigo mismo:

- Escribe una carta a la persona que te ha lastimado u ofendido y describe como te ha lastimado.
- Escribe todo lo que salga de tu corazón y ponlo en el papel, deja que fluyan las palabras, todo, no pienses y deja que tus emociones queden palpadas en el papel, y cuando termines de decir todo, escribe en el papel, te perdono. Al final de escribir la carta quémala y verás que sientes como un peso de encima se te quita.

"Te perdono por qué no eres como yo quisiera que tú fueras, te perdono y te bendigo: es una frase muy poderosa.

- Siéntate cómodamente y respira profundamente, cierra tus ojos y envuélvete en una burbuja blanca y ve como esa luz blanca te rodea. Siente como te abraza y te sana e imagínate que estas en lugar que más te gusta, un lugar imaginario o un lugar donde has sido feliz y siente el sol como acaricia tu Ser.

- Observa en tu pantalla mental a la persona que te ha lastimado, e imagínate que esa persona está en las manos de Dios y plática con ella y escucha lo que tiene que decir.
- Deja que la otra persona hable en tu mente, créeme, no estás creando las palabras. Recuerda que todos estamos unidos, todos Somos Uno y parte de la otra persona, parte de su ser viene a Ti

Por experiencia propia, cuando no puedes confrontar a la otra persona personalmente esto es maravilloso y te ayuda a comprender que nosotros a veces juzgamos a la otra persona, no sabemos qué fue lo que le paso y no comprendemos porque hizo lo que hizo, no sabemos sus antecedentes o sus razones o su porque, pero el daño quedo en nosotros, por eso cuando haces esta meditación, comprendes que quizás tú estabas en un error al prejuzgar a esta persona, si el daño que te hizo no fue causado por ti, necesitas aceptar que el daño se hizo y que la otra persona no sabe lo que hace y liberar todo el sentimiento que ha quedado en ti.

Ahora puedes decirle, *"te perdono. Te perdono y te bendigo."* Recuerda que las personas llegan a ti por una razón, unas traen lecciones y otras son bendiciones para tu vida. Aun así, ama a ambas y perdona las ofensas y las ofensas que tú haces.

Uno de los grandes ejemplos en la historia de esto es Jesús, al ser juzgado y puesto en la cruz, Él nos enseñó a través de su ejemplo, Padre, perdónalos porque no saben lo que hacen. El resucito para enseñarnos que todo es posible y que este mundo en el que vivimos es una ilusión y un sueño al que todos y cada uno de nosotros necesitamos despertar.

Jesús nos vino a enseñar el camino para poder sanar nuestras vidas. Cuando tú haces esto el amor que está bloquea- do es liberado para traerte la paz.

12
COMO AMAR A DIOS.

Jesús el Cristo ha sido quien nos ha enseñado a amar a Dios como un Padre. No como un Dios colérico que le fascina vernos sufrir o que le gusta hacernos daño. Se nos ha enseñado a través del tiempo que para encontrar a Dios y amarlo hay que ir a un templo y adorarlo. Nos olvidamos cual fue el primer mandamiento dado a Moisés.

"Amarás a Dios sobre todas las cosas".

Ignoramos también que nosotros somos el templo viviente en donde habita nuestro Padre- Dios. Y que Dios, nuestro Padre, nuestra Fuente o esencia es un Dios vivo que nos habla a través de las personas, de la naturaleza, de nuestras mascotas y muchas veces a través de gente extraña que nos mencionan algo que necesitábamos escuchar.

Muchas veces nos tomamos demasiado en serio, ten- emos miedo de hacer algo nuevo, y nos olvidamos en confiar que todo va a estar bien, que nosotros estamos a salvos a cada momento y que Dios nos ama.

Para Amar a Dios es básico y necesario haber hecho las paces con nuestro Ser, nuestros hermanos, nuestro mundo, y mágicamente las puertas de nuestro corazón se abren para poder amar y sobre todo recibir las bendiciones de nuestro Padre.

Hace algún tiempo escuche una historia que mencionaba que un hombre rico, siempre quiso saber si el amor que sentimos hacia Nuestro Creador era aprendido o si realmente existe algo interno que nos mueve a darle gracias o adorarlo.
Cuando creció y se casó tuvo un hijo, y este hombre ordenó que en su casa no se dijera nada de Dios, ni que hubiera imágenes ni nada relacionado a Él.

Es más cuando su hijo crecía, mando traer personas que lo educaran sin mencionarle quien era El Eterno.
El tiempo paso y el niño se convirtió en un niño inteligente que continuamente se preguntaba sobre su existencia. Y un día al salir el padre al jardín, sorprendido vio que su hijo, indicado en el césped adoraba a Dios. Aquello que tanto le intrigaba.

Después de este incidente, el hombre rico comprendió que nosotros como hijos del Creador, sentimos algo dentro de nosotros que nos impulsa a ser felices. E inmediatamente después ordenó a los profesores que enseñaran a su hijo a saber quién era El.

No importa cuál sea tu religión, tu filosofía o tu manera de pensar, porque para amar a Dios solo necesitas encontrarlo en el fondo de tu corazón, como Jesucristo nos dijo:
"Cuando quieras orar, ve a tu interior, y ahí habla con tu Padre, que está en lo secreto"

Existe una canción que menciona a una persona que quiso averiguar la razón de su existencia en los bienes mate- riales, en los placeres del mundo y no la encontró hasta que la busco dentro de sí mismo y la halló.
Todo ser humano siente dentro de sí algo que constantemente lo guía, lo ayuda cuando está en un apuro, le avisa cuando está en el lado opuesto camino y le motiva a ser mejor cada día. El secreto es confiar en tu interno, en esa parte divina que Dios nos dio.

Amar a Dios no solo consiste en ir a misa, o rezar el rosario, o no comer carne, o hacer rituales.

Amar a Dios es sentirlo dentro de ti, sentir tu corazón palpitante que Él te dio.

Amar a Dios es pensar bien, hablar bien y actuar bien contigo mismo y con los demás.

Amar a Dios es tener confianza que todo va a salir bien, porque Él nos ama y porque estamos hechos a su imagen y semejanza.

Amar a Dios es amar tu esencia, misma que El creó.

Y si nos da todos los días de la vida, es porque nos da infinidad de oportunidades para ser mejores.

El jamás nos abandona, habita en nuestro interno y nosotros a veces lo confundimos con nuestra sombra. ¡Tienes una mina en tu interior, porque El habita en ti!

¡Tú y El son Uno!

KINSKY

LECTURAS RECOMENDABLES

- Alégrate, Gloria Otero Gutiérrez, ed. Orión, México, 1992.
- A Return to Love, reflections on the principle of a course in miracles, Marianne Williamson, ed. Harper Collins, U.S.A., 1992.
- 2 a veces, la vida puede ser dura ...pero todo saldrá bien una antología de poesías editada por Susan Polls Schultz
- Biografía de una Experiencia, Ser, ed. Ediluz, México, 1991.
- *1* canto a la Vida, Roger Patrón Lujan, ed. Fernández Cueto Editores, México, 1992.
- Como amarnos los unos a los otros, Leo Buscglia, ed. Diana México, 10 ed. 1991.
- Como disfrutar de la vida y del trabajo, Dale Carnegie, Editorial Sudamericana, Buenos Aires, 2 ed. 1972.
- Diálogos con el Hombre Luz, Ser, ed. Ediluz, México, 1a. Edición, 1992.
- El arte de ser persona, Leo Buscaglia, ed. Diana México; 10 ed. 1991.
- El Mago, Sergio González de la Garza, ed. Ediluz, México.
- El Pequeño Discípulo, Ser, ed. Ediluz, México, 1a. edición, 1992.
- El poder está dentro de ti, Louise L. Hay., ed. Diana México, 1992.

El Sentido de Vivir, hacia la realización personal, Jorge Barajas Medina, ed. Trillas, 1996

- Fe, Gloria Otero Gutiérrez, ed. Orión- México, 1992.

- Hechizos de la mente, Horacio Jaramillo Loya, ed. Diana México, 1991.
- La Contemplación del Silencio, Ser, ed. Ediluz, México, 1a. edici6n, 1992.
- Love is a Choice, Barry Neil Kaufman, ed. Fawcet Columbine New York, 1991.
- Mensaje, Gloria Otero Gutiérrez, ed. Orión, México, 1992.
- Quien puede hacer que amanezca, Anthony de Mello, S.j, ed. Sai Terrae, España, 1991.
- The Power of Positive Thinking, Norman Vicent Peale, ed. Prentice Hall, New York, 12, ed. 1954.
- The Tao of Inner Peace, Diane Dreher, ed. Harper Perennial, 1990. • Un encuentro con Anthony de Mello, colección de 6 libros, ed. Lumen, Buenos Aires Argentina, 1989.
- The Disappearance of the Universe, Gary R. Renard, ed. Hay 2003
- Un regalo excepcional, ed. Edamex. 1992
- Vive una vida de Primera, Keneth Thurston Hurst, ed. Universo México, 1992.
- Vivir libre, Bob Trask, ed. Diana México, 1991

LA AVENTURA

CONTENIDO
Dedicatoria y agradecimientos	pág. 5
Prefacio	9
Introducción	10
Capítulo 1.	
Como conocerte a ti mismo.	15
Capítulo 2	
Aceptación de ti mismo.	19
Capítulo 3.	
Saber valorarse	23
Capítulo 4	
Confia en ti	29
Capítulo 5.	
Aprende a quererse.	33
Capítulo 6.	
Busca la respuesta en tu interior.	36

DEL SER

Capítulo 7.
La aventura del cambio — 41
Capítulo 8.
Cómo ser feliz. El camino del éxito. — 45
Capítulo 9.
Cómo amar a los demás — 49
Capítulo 10.
Cómo amar el mundo que te rodea. — 53
Capítulo 11.
Cómo ser libres — 55
Capítulo 12
Cómo amar a Dios. — 61
Lecturas Recomendables — 64

Tercera Edición de
LA A VENTURA DEL SER
2023

www.ingramcontent.com/pod-product-compliance
Lightning Source LLC
Chambersburg PA
CBHW060426050426
42449CB00009B/2154